I0014241

Fatima Ibaaz
Noha Labzizi

Plateforme pour la Recherche Personnalisée d'un Service E-gouvernement

Fatima Ibaaz
Noha Labzizi

Plateforme pour la Recherche Personnalisée d'un Service E-gouvernement

Recherche Personnalisée de Service E-gov

Éditions universitaires européennes

Impressum / Mentions légales
Bibliografische Information der Deutschen Nationalbibliothek: Die Deutsche Nationalbibliothek verzeichnet diese Publikation in der Deutschen Nationalbibliografie; detaillierte bibliografische Daten sind im Internet über http://dnb.d-nb.de abrufbar.
Alle in diesem Buch genannten Marken und Produktnamen unterliegen warenzeichen-, marken- oder patentrechtlichem Schutz bzw. sind Warenzeichen oder eingetragene Warenzeichen der jeweiligen Inhaber. Die Wiedergabe von Marken, Produktnamen, Gebrauchsnamen, Handelsnamen, Warenbezeichnungen u.s.w. in diesem Werk berechtigt auch ohne besondere Kennzeichnung nicht zu der Annahme, dass solche Namen im Sinne der Warenzeichen- und Markenschutzgesetzgebung als frei zu betrachten wären und daher von jedermann benutzt werden dürften.

Information bibliographique publiée par la Deutsche Nationalbibliothek: La Deutsche Nationalbibliothek inscrit cette publication à la Deutsche Nationalbibliografie; des données bibliographiques détaillées sont disponibles sur internet à l'adresse http://dnb.d-nb.de.
Toutes marques et noms de produits mentionnés dans ce livre demeurent sous la protection des marques, des marques déposées et des brevets, et sont des marques ou des marques déposées de leurs détenteurs respectifs. L'utilisation des marques, noms de produits, noms communs, noms commerciaux, descriptions de produits, etc, même sans qu'ils soient mentionnés de façon particulière dans ce livre ne signifie en aucune façon que ces noms peuvent être utilisés sans restriction à l'égard de la législation pour la protection des marques et des marques déposées et pourraient donc être utilisés par quiconque.

Coverbild / Photo de couverture: www.ingimage.com

Verlag / Editeur:
Éditions universitaires européennes
ist ein Imprint der / est une marque déposée de
OmniScriptum GmbH & Co. KG
Heinrich-Böcking-Str. 6-8, 66121 Saarbrücken, Deutschland / Allemagne
Email: info@editions-ue.com

Herstellung: siehe letzte Seite /
Impression: voir la dernière page
ISBN: 978-3-8417-9901-2

Copyright / Droit d'auteur © 2014 OmniScriptum GmbH & Co. KG
Alle Rechte vorbehalten. / Tous droits réservés. Saarbrücken 2014

Remerciements

Nous tenons à exprimer, en premier lieu, notre reconnaissance et notre gratitude à Mme **Hassania OUCHETTO**, responsable système d'information au Ministère des Affaires Economiques et Générales, pour le temps précieux qu'elle nous a accordé, pour sa générosité, sa disponibilité, et sa patience, pour les précieux conseils qu'elle a eu l'indulgence de nous prodiguer.

Nous aimerions remercier très chaleureusement Mme **Ounsa ROUDIES,** Professeur à l'EMI pour la qualité de l'encadrement dont elle nous a fait bénéficier, pour avoir guidé ce travail en conjuguant habilement, disponibilité, conseils et critiques constructives. Nous avons beaucoup appris grâce à elle.

Nous adressons un remerciement tout particulier à M. **Ouail OUCHETTO** qui n'a pas hésité à donner de son temps et à proposer son aide qui nous a été très précieuse. Nous vous sommes extrêmement reconnaissantes.

Nous remercions Mme **Laila BENHLIMA**, Professeur à l'EMI pour sa gentillesse et sa disponibilité permanente ainsi que pour ses conseils et son encouragement.

Nous remercions également Mme **Ouafae DIOURI,** Professeur à l'EMI pour sa bonté et pour sa bienveillance à bien évaluer mon modeste travail.

Nous ne saurons oublier dans nos remerciements tout le personnel du Ministère des Affaires Economiques et Générales, pour nous avoir accueillies et pour leur gentillesse

Enfin, nous remercions tout le corps professoral et administratif de l'Ecole Mohammadia d'Ingénieurs(EMI), pour les efforts déployés pour assurer notre formation.

1

Je dédie ce modeste travail à mes
chers parents, à mes frères et
sœurs.

Résumé

L'e-gouvernement est un gisement impressionnant dans le contexte où il fournit des services gouvernementaux aux différents usagers d'une manière simple, rapide et transparente. Il se base sur l'utilisation des technologies de l'information dans les services publics. Toutefois les portails administratifs sont mal structurés car ils ne contiennent pas un volet dédié aux services existants ce qui rend la recherche des services insatisfaisante. Egalement la recherche d'un service exige la saisie des termes exacts de ce service.

Le projet, sujet de ce livre, consiste à concevoir et à réaliser un système de recherche personnalisée des services e-gouvernement qui permet de fournir, à partir d'une base descriptive des services e-gouvernement, des services qui satisfont le besoin de l'utilisateur exprimé par une requête. La sélection de ces services se base sur les données du profil et l'ontologie de domaine qui enrichit sémantiquement et linguistiquement la requête.

Nous avons fait une étude bibliographique, s'en est suivi la conception et l'implémentation des différents modules constituants le système à savoir « l'ontologie », « le profil utilisateur » et « la base descriptive des services e-gouvernement » et enfin l'intégration du profil dans le processus de recherche.

Mots-clés : E-gouvernement, Ontologie de domaine, Profil utilisateur, Système de recherche.

Liste des figures

Liste des tableaux

Table des matières

Introduction générale

L'e-gouvernement (e-gov) est un gisement impressionnant des services gouvernementaux qui sont fournis aux différents usagers. Il vise à améliorer la communication entre utilisateurs (citoyens, entreprises, administrations) et administrations, que ce soit en termes de rapidité, d'accessibilité et de transparence. Il se base sur l'utilisation des technologies de l'information dans les services publics.

Le programme d'e-gouvernement dans les pays comme la France, l'Allemagne, la Corée et autres connait un succès d'utilisation et rend d'une manière satisfaisante les services attendus d'une telle solution, car ils ont mis en place un référentiel pour le bon fonctionnement du programme e-gov. Par contre, dans les pays en voie de développement, le programme présente des problèmes sérieux de la structuration et de la concentration [Tounsi 2012] car il a été conçu d'une manière ad hoc sans concertation. En effet, une panoplie de sites et de services sont mis en ligne. Chaque administration a son propre portail rassemblant les services offerts et ne peut pas fournir un service intégré. En particulier, pour rechercher un service, l'utilisateur est désorienté par la variété des interfaces. Il doit consulter l'adresse électronique exacte, et il risque de ne pas trouver le service recherché en raison du manque de sémantique au niveau de la recherche ce qui complique l'accès à l'information.

Par exemple au Maroc, la recherche d'un service gouvernemental exige la saisie des termes exacts du service en question et la connaissance des adresses web des portails de chaque administration. En plus, dans un pays où plusieurs langues officielles et d'usage cohabitent, se pose le problème de l'unicité de la langue d'usage du portail, c'est-à-dire que plusieurs services sont disponibles uniquement en arabe, d'autres en français. Prenons l'exemple d'un citoyen d'Agadir souhaitant se renseigner sur les taxes urbaines. Actuellement, le terme utilisé par la direction des impôts est « taxe d'habitation ». Pour pourvoir trouver le service, ce citoyen doit donc:

−   Identifier   la   page   exacte :   «http://www.cri-agadir.com/elements/regime_fiscal/taxeurbaine »,

−   Formuler la requête en utilisant les termes exacts : « taxe d'habitation, taux de la taxe d'habitation, exonération de la taxe d'habitation,   ضريبة السكن .،

Par conséquent, le citoyen risque de ne pas trouver les informations qu'il souhaite s'il ne saisit pas ces termes exacts.

Pour pallier à cette problématique et compte tenu de la diversité et la multiplicité des services e-gouvernement au Maroc, un projet de recherche et développement a été mené en coopération par le Ministère des Affaires Economiques et Générales, responsable du programme e-gouvernement et à l'Ecole Mohammadia d'Ingénieurs. Ce projet s'inscrit dans des activités Mme Ouchetto qui a proposé un système de patterns pour la conception de site e-gov [Ouchetto 2006] [Ouchetto 2009]. Elle a également mené une réflexion pour la prise en compte des besoins de l'utilisateur dans l'utilisation des services e-gov.

Le projet consiste à mettre en place un système de recherche personnalisée, ayant comme source de données une base descriptive des services e-gouvernement, et intégrant dans le processus de recherche le profil utilisateur qui permet de personnaliser la recherche ainsi qu'une ontologie de domaine. Ce service correspond à la fonction « recherche avancée » proposée par de nombreux moteurs de recherche. Le principe est le suivant : quand l'utilisateur saisit une requête, le processus de recherche se déclenche en fixant l'objectif de l'utilisateur, en précisant ses préférences et en enrichissant sa requête par l'ajout des nouveaux termes à partir de l'ontologie, pour améliorer la pertinence des services qui peuvent satisfaire son besoin.

Ce livre est structuré en cinq chapitres :

Le premier chapitre est consacré à l'Ontologie e-gov, sa modélisation et sa construction qui s'appuie sur une étude des outils et des méthodes de l'ingénierie ontologique. Le « Profil utilisateur » est l'objet du deuxième chapitre, sa représentation multidimensionnelle sa construction et la conception de la base de données de profils. Le troisième chapitre focalise sur la « Base descriptive des services e-gouvernement ». Les chapitres quatre et cinq sont dédiés à notre « Système de recherche ». Le chapitre quatre présente l'architecture du système, ses couches fonctionnelles ainsi que sa conception et l'intégration du profil utilisateur dans le processus de recherche, tandis que le chapitre cinq décrit sa réalisation.

_Chapitre1 : Conception et élaboration de l'ontologie

> *Les ontologies visent à capturer la diversité de l'univers du discours indépendamment d'une application. Plusieurs démarches et outils sont proposés dans le domaine de construction des ontologies.*
>
> *Dans ce chapitre, nous présentons la méthode **Methontology** et l'outil **Protégé** que nous avons utilisé pour construire notre ontologie. Ensuite, nous entamons la partie conception et construction de l'ontologie du domaine e-gov.*

1.1. La méthode Methontology

1.1.1. Qu'est ce qu'une ontologie ?

Swartout et al. [SWARTOUT 1997] définissent l'ontologie comme suit : « *une ontologie est un ensemble de termes structurés de façon hiérarchique, conçue afin de décrire un domaine et qui peut servir de charpente à une base de connaissances*».

En effet, une ontologie fournit les moyens d'exprimer les concepts d'un domaine en les organisant hiérarchiquement et en définissant leurs propriétés sémantiques dans un langage de représentation des connaissances formel favorisant le partage d'une vue consensuelle sur ce domaine entre les applications informatiques qui en font usage [HERNANDEZ 2005] [CHARLET 2004] [HOUACINE 2008] (cf. Annexe A).

1.1.2. Choix de la méthode de construction de l'ontologie:

Pour bien achever le domaine de la construction des ontologies et assurer une bonne maintenance, plusieurs méthodologies de construction appropriées ont vu le jour. Elles offrent [YVONNE 2004] :

- une analyse, une construction et une gestion des ontologies en fonctions des spécifications et de la configuration ;
- une large utilisation et une intégration des ontologies par l'intermédiaire d'un ensemble de services ;
- une intégration dans les systèmes intelligents.

Le processus de construction d'une ontologie est un processus complexe, impliquant plusieurs intervenants durant les différentes phases du processus. La gestion de cette complexité exige la mise en place de processus de gestion, afin de contrôler les coûts et les risques et d'assurer la qualité tout au long d'un processus de construction.

Il existe une multitude de méthodes d'ingénierie ontologique, parmi lesquelles nous distinguons **Methontology** que nous avons utilisée pour construire notre ontologie de domaine.

Methontology [FERNANDEZ et al. 1997] est développée par l'université de Stanford en 1997 et mise au point par l'équipe du laboratoire de l'intelligence artificielle de l'Université polytechnique de Madrid, cette méthode propose un cycle de vie basé sur des **Prototypes évolutifs** [CORCHO et al. 2005], l'ontologie issue de cette méthode peut s'adapter aux changements de l'environnement (cf. Figure Annexe 1).

La méthode Methontology préconise sept étapes :

1. Détermination le domaine et la portée de l'ontologie.

2. Réutilisation des ontologies existantes.

3. Enumération des termes importants de l'ontologie.

4. Définition des classes et de la hiérarchie de classes.

5. Définition des propriétés des classes (les attributs).

6. Définition des facettes des attributs.

7. Création des instances des classes.

Ce processus de conception d'ontologie est largement facilité par l'usage d'éditeurs d'ontologies ou d'outils plus complets. Un aperçu est présenté dans la section suivante

1.2. Les outils de construction des ontologies

Nous avons privilégié les outils libres (open source) pour la construction des ontologies, nous citons Protégé et Ontolingua qui sont les plus connus et les plus utilisés dans le domaine des ontologies.

Protégé :

Protégé est un éditeur Open-source d'ontologie [FURST 2002] développé par l'Université de Stanford en 2000. Il est implémenté à partir d'une plateforme Java J2EE. Il intègre les standards du Web sémantique et notamment OWL (Web Ontology Language). Il permet la création ou l'importation des ontologies écrites dans les différents langages d'ontologies tels que RDF-Schéma, OWL, DAML, OIL. Les ontologies développées avec cet environnement sont stockées dans une base de données gérée par le JDBC (Java DataBase Connectivity), elles peuvent être exportées dans plusieurs formats (RDF, OWL, XML Schema, java).

Il intègre des outils de travail collaboratif et offre de nombreux composants et fonctionnalités : les librairies d'ontologie, la fonction de zoom sur une ontologie, une interface utilisateur graphique, et un moteur d'inférence intégré (PAL). Il peut supporter d'autres moteurs d'inférence à savoir JESS, Flogic et FACT.

Protégé est un logiciel autonome et hautement extensible grâce au système de plugin, qui permet de gérer des contenus multimédias, d'interroger, d'évaluer, d'extraire une ontologie à partir des sources textuelles et de fusionner semi-automatiquement des ontologies.

13

Ontolingua :

Ontolingua a été développé par le Laboratoire des systèmes de connaissances (KSL) à l'Université Stanford en 1992. C'est un serveur d'édition d'ontologies au niveau symbolique : une ontologie est directement exprimée dans un formalisme également appelé ontolingua (une extension du langage KIF (*Knowledge Interchange Format*)) et stockée dans des fichiers [FURST 2002].

Parmi les fonctionnalités d'Ontolingua, nous relevons la réutilisation, l'inclusion et la traduction.

La réutilisation se traduit par l'inclusion d'une ontologie dans celle en cours de construction. L'inclusion consiste à ajouter à l'ontologie courante les axiomes de l'ontologie à inclure, après traduction des axiomes. La traduction consiste à établir une relation d'identité entre les termes des deux ontologies qui désignent les mêmes classes ou relations.

Les fonctions de travail coopératif permettent à un groupe de personnes géographiquement distantes de créer, utiliser et modifier collaborativement une même ontologie.

L'exportation d'ontologies dans différents formats permet leur utilisation dans des applications développées en IDL, Prolog, CML ATP, OKBC syntax.

Ontolingua fournit l'accès à une bibliothèque d'ontologies, à des traducteurs de langages (Prologue, CORBA IDL, etc.) et à un éditeur pour créer des ontologies.

Choix d'un outil pour notre système de recherche personnalisée e-gov

Notre étude comparative se fonde sur les critères mentionnés dans le tableau 1. En effet, nous avons jugé que ces critères sont les plus importants pour la création de notre ontologie.

Les Critères	Protégé	Ontolingua
licence	Open source	Freeware
Software architecture	Standalone	Client serveur
Extensibilité	Plug-in	Non
Stockage d'ontologie	Base de données (JDBC)	fichiers
Importation	OWL, OIL, XML Schema, RDF	Ontolingua, IDL, KIF
Exportation	RDF(S), XML(S), java, HTML, …	KIF, IDL, CMLATP, OKBC syntax, Prolog syntax
Moteur d'inférence intégré	Oui (PAL)	Non
Taxonomie graphique	Oui	Oui
La fonction de zoom	Oui	Non
Multilinguisme (Arabe)	Oui	Non
Librairie d'ontologie	Oui	Oui
Les vues	oui	non

Tableau 1 : Comparaison de Protégé et Ontolingua

A l'issue de cette étude comparative, notre choix s'est porté sur Protégé pour les raisons suivantes :

• Protégé est un logiciel autonome, installé et exécuté sur un poste local, ce qui réduit les interactions distantes.

• Il possède une architecture extensible qui permet une intégration facile des extensions grâce aux plug-ins adéquats. Ces extensions exécutent des fonctions non prévues par la version standard de Protégé.

• Egalement, il intègre facilement les moteurs d'inférences généraux tel que JESS ou spécifiques tel que RACER pour une ontologie du domaine. Ainsi Protégé résout le problème de multilinguisme à savoir celui de la langue Arabe qui sera utilisée dans notre ontologie.

Dans ce qui suit, nous présentons la conception de l'ontologie du domaine e-gouvernement ainsi que sa construction avec l'outil Protégé.

1.3. Le modèle de l'ontologie du domaine e-gouvernement

Vu que la terminologie du domaine e-gouvernement est très vaste et diversifiée, nous avons proposé de décomposer notre ontologie du domaine e-gouvernement en sous ontologies dédiées à un domaine particulier le tourisme, la douane, la finance, etc.

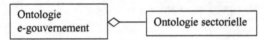

Les ontologies sectorielles sont construites de façon indépendante, puis elles sont réutilisées pour construire l'ontologie mère du domaine e-gouvernement [Ouchetto et al. 2012].

La figure 1 présente le modèle que nous avons proposé pour l'ontologie e-gouvernement. Ce modèle permet non seulement de prendre en compte des concepts existants dans différentes langues, mais aussi de représenter les relations lexicales à la fois à l'intérieur d'une même langue et entre plusieurs langues. Cela permet d'établir des équivalences lexicales : synonymes, traductions.

Dans notre projet, nous adoptons le français comme langue de référence et les traductions sont proposées en arabe.

Les trois niveaux de représentation que nous souhaitons exprimer dans ce modèle sont :

- les concepts qui modélisent la signification abstraite,

- les expressions qui sont les formes lexicales spécifiques à une langue,

- les variantes de terme qui capturent les différentes formes que peut prendre un terme.

16

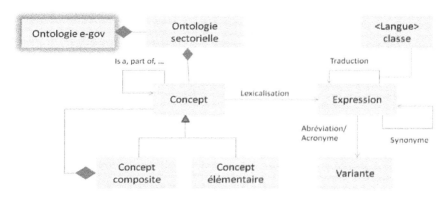

Figure 1 : Le modèle de l'ontologie

Les concepts abstraits constituent la hiérarchie et la structure sémantique de l'ontologie. Les expressions ne sont pas organisées selon une structure hiérarchique ou par leurs relations sémantiques. Chaque terme est une entité distincte dans chaque langue qui peut être lié à des concepts ou à d'autres termes et à d'autres variantes du même terme.

Les variantes de terme ne constituent pas de nouveaux termes mais sont les formes variables du même terme.

La figure 2 illustre un exemple représentant le modèle de l'ontologie du domaine douanier avec le concept « franchise douanière ».

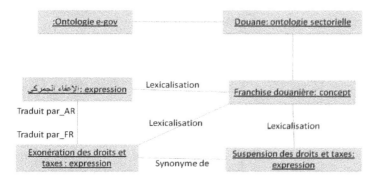

Figure 2 : Extrait du modèle de l'ontologie du domaine douanier

1.4. Construction de l'ontologie de domaine :

Nous avons construit notre ontologie du domaine douanier en se basant sur les étapes proposées par la méthode Methontology.

Etape 1 : Déterminer le domaine et la portée de l'ontologie
Vu que le domaine d'e-gouvernement est très vaste, nous retenons à titre d'exemple du domaine douanier. L'ontologie sera utilisée par le système de recherche personnalisée d'un service douanier. Le but de l'utilisation de notre ontologie est celui de l'enrichissement de la requête utilisateur lors de sa recherche.
L'ontologie doit répondre aux requêtes des utilisateurs en prenant en compte la sémantique de ces dernières ainsi que le profil utilisateur.

Etape 2 : Réutiliser des ontologies existantes
Nos recherches d'ontologies existantes dans le domaine douanier n'ont pas abouti à des résultats satisfaisants. Nous allons donc construire entièrement notre ontologie en s'aidant de la documentation (terminologie douane, articles, thèses, livres etc.).

Etape 3 : Enumérer les termes important de l'ontologie
L'étude faite sur le domaine douanier nous a permis de dégager une liste importante de termes. Ne pouvant pas les énumérer tous, nous nous contentons de quelques exemples : franchise douanière, dédouanement, impôt indirect, etc.

Etape 4 : Définir les classes et la hiérarchie des classes
Nous avons identifié 60 classes, traduites pour la plupart en arabe. Une vingtaine de synonymes sont identifiés.
A titre d'exemple, le tableau 2 montre un extrait de neuf classes avec leurs hiérarchies (annexe A).
.

concept	Description	Terme en arabe	Synonyme /acronyme
Franchise douanière	Sous classe d'activité douanière		Exonération, suspension des droits et taxes
Déclaration	Sous classe d'activité douanière		Proclamation
Dédouanement	Sous classe d'actvité douanière		Mise à la consommation
Résidant au Maroc	Sous classe de marocain		MRM : acronyme
Résidant à l'étranger	Sous classe de marocain		MRE
Entrepôt douanier	Sous classe d'importation temporaire		Entrepôt de stockage
Importation en franchise	Sous classe de modalité d'importation		Importation avec suspension des droits et taxes
Importation prohibée	Sous classe de modalité d'importation		Importation interdite
Dédouanement de marchandise	Sous classe de dédouanement		Mise à la consommation de marchandise

Tableau 2: Extrait du glossaire des concepts

Etapes 5 & 6 : Définir les propriétés des classes et les relations

Chaque classe est décrite par ses propriétés, le tableau 3 présente un extrait des propriétés de l'ontologie du domaine douanier.

Propriété	Description	concepts	Type
Nom-concept	Nom du concept	Tous les concepts	Chaine de caractère
Définition	La définition d'un concept	Tous les concepts	Chaine de caractère
Quantité	La quantité de marchandise à importer ou à exporter	Importation Exportation	Nombre

Adresse	L'adresse d'un citoyen	Personne	Chaine de caractère
Téléphone	Téléphone d'un citoyen	Personne	Nombre
Marque	La marque du véhicule	Véhicule	Chaine de caractère

Tableau 3 : Extrait des propriétés du modèle de l'ontologie

Les relations expriment une connexion entre deux concepts. Six relations ont été identifiées.

Le tableau 4 montre un extrait de relation entre les concepts de l'ontologie du domaine douanier.

Relation	Concepts source	Concept cible	Cardinalité
Synonyme de	Pièce à produire Dédouanement	Pièce à fournir Mise à la consommation	1,n
Traduit par	Dédouanement		1,1
Acronyme de	Déclaration unique des marchandises	DUM	1,1
Se trouve	Bureau douanier d'entrée	Frontière	1,n
Passe par	Moyen de transport	Frontière	1,n
Stocké dans	Importation temporaire	Entrepôt douanier	1,n

Tableau 4: Extrait de relations entre concepts du modèle de l'ontologie

La figure 3 représente un extrait de l'ontologie du domaine douanier construite avec l'outil Protégé.

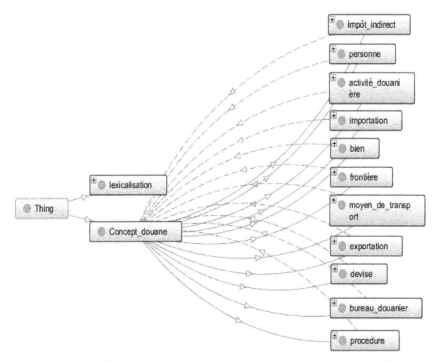

Figure 3 : Extrait de l'ontologie du domaine douanier (annexe A)

Conclusion :

Notre étude des ontologies nous a permis de retenir la méthode Methontology proposée par l'université de Stanford, parce qu'elle comporte des étapes claires, simples et faciles à comprendre et l'outil Protégé qui est développé par la même université. Nous avons conçu le modèle de l'ontologie e-gouvernement, et construit notre ontologie du domaine douanier en se basant sur 60 classes.

Dans le chapitre suivant nous entamons le module profil utilisateur.

Chapitre 2 : Analyse et conception du profil utilisateur

Le profil utilisateur est un élément essentiel dans les systèmes de recherche personnalisée. Il constitue une structure qui permet de modéliser et de stocker les données caractérisant l'utilisateur. Ces données représentent les centres d'intérêts, les préférences et les besoins en informations de l'utilisateur ou un groupe d'utilisateurs.

Pour concevoir et modéliser le profil utilisateur, nous nous sommes appuyées sur les travaux de Mme Ouchetto qui jouent le rôle de cahier des charges du module « Profil utilisateur ».

Dans ce chapitre, nous présentons l'approche de représentation du profil que nous avons adopté, suivi de sa construction ensuite, nous entamons la conception de la base de profil utilisateur.

2.1. La prise en compte de l'utilisateur :

Dans [Ouchetto 2011], Mme Ouchetto a retenu la représentation multidimensionnelle du profil utilisateur. Les dimensions proposées sont :

- **Les données personnelles** représentent la partie statique du profil. Elles comprennent l'identité civile de l'utilisateur (nom, prénom, CIN, etc.) ainsi que des données démographiques (profession, adresse, etc.).
- **Le centre d'intérêt** exprime le domaine d'expertise de l'utilisateur. Il peut être défini par des mots clés.
- **La qualité attendue** est un des facteurs clés de la personnalisation, elle permet d'exprimer des préférences extrinsèques comme l'origine de l'information, sa

précision, sa fraîcheur, sa durée de validité, le temps nécessaire pour la produire ou la crédibilité de sa source.

Les attributs de cette dimension expriment la qualité attendue ou espérée par l'utilisateur.

- **La sécurité** est une dimension fondamentale du profil. Elle peut concerner les données que l'on interroge ou modifie, les informations que l'on calcule, les requêtes utilisateurs elles-mêmes ou les autres dimensions du profil. La sécurité du processus exprime la volonté de l'utilisateur à cacher un traitement qu'il effectue.

- **Les données de présentation** concernent d'abord tout ce qui est lié aux modalités de présentation des résultats en fonction de la plateforme, de la nature et du volume des informations délivrées, des préférences esthétiques ou visuelles de l'utilisateur.

- **Le retour de préférences ou l'historique des interactions** désigne ce qu'on appelle communément le « feedback » de l'utilisateur. Cette dimension regroupe l'ensemble des informations collectées sur l'utilisateur.

- **La ressource des données** concerne le contenu et le contenant des données (langage, type du fournisseur, date de création, etc.).

- **L'historique des requêtes** est une dimension importante dans la modélisation de l'utilisateur. Elle contient les différentes requêtes formulées par l'utilisateur.

- **Les données d'environnement** précisent l'environnement du travail de l'utilisateur (hardware ou software). Ces données facilitent la personnalisation des résultats délivrés.

2.2. Modélisation du profil utilisateur :

2.2.1. Méta modèle du profil utilisateur :

Avant de modéliser les dimension, nous proposons un méta modèle de cette description (cf. Figure 4) [Ouchtto et al. 2009]

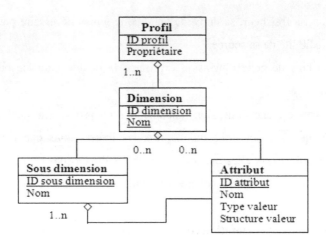

Figure 4 : Méta modèle du profil utilisateur

Ce méta modèle est composé de plusieurs dimensions. Chaque dimension est constituée d'un ensemble d'attributs éventuellement organisés en entités. Les attributs peuvent être simples ou composés. Les attributs composés sont appelés des sous-dimensions. Une sous dimension regroupe un ensemble d'attributs simples qui sont liés sémantiquement; par exemple l'adresse est composée du numéro de la rue, du nom de la rue, du code postal etc.

Chaque attribut simple est caractérisé par son nom, le type de ses valeurs et la structure des valeurs. Le type d'un attribut peut être un des types couramment utilisés: entier, réel, chaîne de caractères, etc.

2.2.2. Le modèle de l'utilisateur

L'analyse des informations du profil et de leurs techniques d'exploitation nous a permis d'identifier les informations que représentent chaque dimension (cf. Figure 5) [Ouchetto et al. 2011]

24

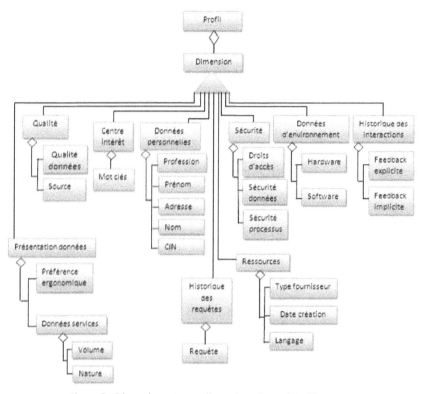

Figure 5 : Dimensions et sous dimensions du profil utilisateur

Dans ce qui suit, nous verrons comment construire le profil utilisateur et nous concevons la base de données du profil.

2.3. Le gestionnaire du profil utilisateur :

Il a pour rôle l'acquisition puis la structuration des informations représentatives de l'utilisateur à partir de différentes sources d'information. Le gestionnaire combine différentes approches pour acquérir ces données. La saisie de certaines données est interactive via un formulaire puis le système analyse les fichiers log pour accomplir l'acquisition automatique des données.

Ce gestionnaire contient aussi un module de regroupement des profils utilisateurs. Ce regroupement se fait selon deux critères : les centres d'intérêts et la pertinence traduite par le feedback exprimé explicitement par l'utilisateur.

Pour terminer la structure du gestionnaire, nous avons proposé un module de mise à jour qui permet à l'utilisateur d'effectuer les différentes fonctionnalités d'ajout, de suppression, et de modification du profil utilisateur. La figure 6 représente le gestionnaire du profil ainsi que ses différents modules.

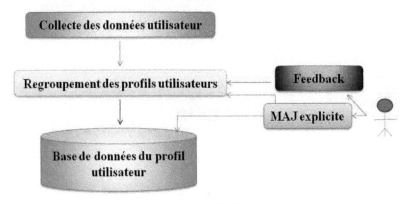

Figure 6: Le gestionnaire du profil utilisateur

Dans la suite, nous spécifions les modules « Collecte des données de l'utilisateur » et le module « Regroupement des profils utilisateurs ».

2.3.1. Collecte des données de l'utilisateur :

Il s'agit de collecter les informations pertinentes pour instancier le profil de l'utilisateur. Cette collecte est opérée, soit directement à partir de l'utilisateur, soit indirectement en utilisant des fichiers log (cf. Figure 7).

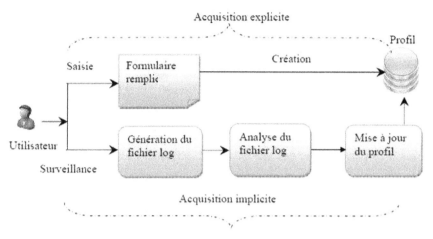

Figure 7 : Acquisition du profil utilisateur

Nous distinguons deux types d'acquisitions : explicite et implicite.

L'acquisition explicite constitue une approche simple pour obtenir des informations sur l'utilisateur. En effet, on interroge directement l'utilisateur en lui demandant par exemple de remplir des formulaires pour collecter les données personnelles et démographiques tels que son adresse, son activité professionnelle et ses centres d'intérêts.

L'acquisition implicite est la collecte des données de l'utilisateur, en observant son comportement avec le système et en scrutant son activité. Pour cette technique, nous allons surtout utiliser les fichiers de journalisation (fichier log). La génération des fichiers log est réalisée soit automatiquement par le système soit manuellement par la création des fichiers log propres en indiquant les attributs nécessaires. L'inconvénient des fichiers log est que ces fichiers ont des formats différents et sont mal renseignés ; ils ne recensent pas toutes les interactions de l'utilisateur avec le système.

La création des fichiers log propre permettra d'avoir une structure fixe exploitable facilement et rapidement. Aussi, avons- nous adopté cette dernière méthode pour notre système.

2.3.2. Module « Regroupement des profils utilisateurs »

Le regroupement permet d'affiner la recherche d'un utilisateur en exploitant la trace d'autres utilisateurs ayant des caractéristiques similaires.

Le but de ce regroupement est de fournir à l'utilisateur des résultats pertinents à sa recherche. En effet, lorsqu'un utilisateur, appartenant à un groupe saisit une requête pour rechercher un service, le système lui recommande en plus des résultats correspondants à sa requête, des services jugés pertinents par les membres de son groupe.

Le système applique l'opération du regroupement aux profils utilisateurs en deux temps. Tout d'abord, les utilisateurs ayant les mêmes centres d'intérêt forment un groupe. Ensuite, au sein d'un même groupe, les utilisateurs ayant évalué avec le même degré de pertinence un ou plusieurs services constituent un sous groupe. Ce sous groupe représente le résultat du regroupement.

Considérons l'exemple présenté en figure 8.

1ère **étape**. Les groupes G1 et G2 sont constitués par regroupement de centres d'intérêt.

6 groupes dans cet exemple correspondent aux 6 centres d'intérêt.

Figure 8 : Exemples d'utilisateurs avec leurs centres d'intérêt et leurs groupes

28

$2^{\text{ème}}$ **étape**. On considère l'évaluation que les utilisateurs ont donnée pour les services consultés en tableau 5.

Utilisateurs / Services	Ali	Bahia	Charifa	Dalila	Ilham
S1	1	2	-	3	3
S2	4	4	4	-	1
S3	-	1	3	2	-
S4	1	4	-	3	4
S5	2	1	4	4	2

Tableau 5 : les évaluations des utilisateurs sur les services consultés

Les valeurs de la table expriment le jugement de l'utilisateur Ui au service Si
Ui = {A, B, C, D, E}.Si = {S1, S2, S3, S4, S5}.
La valeur 4: très pertinent
La valeur 1 : moins pertinent
La valeur - : pas du jugement

Résultat du regroupement selon la pertinence (cf. Figure 9)

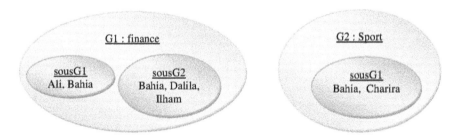

Figure 9 : Exemple de regroupement selon la pertinence

2.4. Diagramme de classe de la base des profils :

L'insertion dans la base de données s'effectuera en deux étapes. La première étape survient au moment de l'inscription dans le système : l'utilisateur fournit des données personnelles et indique ses centres d'intérêt. La deuxième étape survient

29

après la saisie de la requête de recherche où il remplit un formulaire contenant ses préférences.

Les règles d'organisation de la base de données sont comme suit :

- Un utilisateur s'intéresse à un ou plusieurs centres d'intérêts.
- Un centre d'intérêt est décrit par plusieurs mots clés.
- L'utilisateur peut saisir plusieurs requêtes.
- Chaque requête peut avoir plusieurs résultats.
- Ces résultats peuvent être jugés ou pas explicitement par l'utilisateur.
- Un utilisateur appartient à un ou plusieurs groupes.
- Différents utilisateurs peuvent saisir leur requête à la même date_saisie.
- Un utilisateur travaille dans un ou plusieurs environnements.
- Un utilisateur a une ou plusieurs préférences.
- Un utilisateur a un ou plusieurs comptes.
- Le pseudo est unique pour chaque compte.

Le diagramme de classes :

La figure 10 présente les classes de la base des profils, les relations entre ces classes ainsi que les cardinalités. Les informations contenues dans ces classes sont décrites dans l'annexe B, tableau B.1.

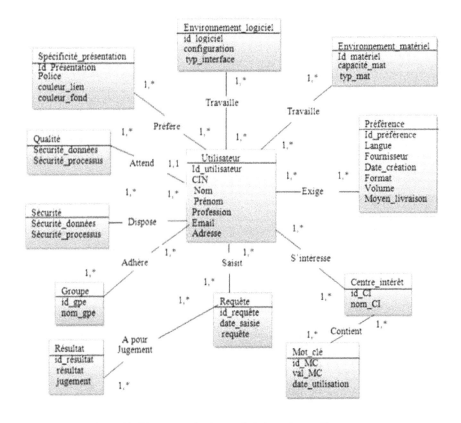

Figure 10. Diagramme de classes de la base des profils

Conclusion :

Ce chapitre définit le profil utilisateur en se fondant sur la représentation multidimensionnelle. Il présente l'algorithme de regroupement des utilisateurs selon les centres d'intérêt. Ce profil est mise à jour en deux temps, à la création de l'utilisateur par celui-ci et également par le système, après chaque. Nous avons, également, construit et conçu la base de données du profil utilisateur.

Dans ce qui suit, nous présenterons l'étude en entier de la base descriptive des services e-gouvernement.

Chapitre 3 : Base descriptive des services e-gouvernement

Pour concevoir et modéliser la base descriptive des services e-gouvernement, nous nous sommes appuyées sur les travaux de Mme Ouchetto qui jouent le rôle de cahier des charges du module « Base descriptive des services e-gouvernement ».

Dans ce chapitre, nous abordons l'étude du module Base descriptive des services e-gouvernement. Pour ce faire nous présentons en premier lieu le modèle de la base descriptive des services e-gouvernement et son méta modèle ainsi que sa conception.

3.1. Le modèle de la base descriptive des services e-gov:

Le modèle des services e-gouvernement décrit les composants d'un service e-gouvernement. Le but est de faciliter l'accès aux services e-gouvernement, et de résoudre le problème de leur hétérogénéité ainsi que le manque de la couche sémantique [Ouchetto 2011] (cf. Figure 11).

L'entité principale de cette figure est le Service E-gouvernement. Elle est composée de :

➢ L'attribut « Bénéficiaire » qui désigne les catégories des utilisateurs pouvant bénéficier du service. Il peut prendre les valeurs : Citoyen, Entreprise et Administration.

➢ La dimension « Sécurité » est une dimension très importante. Elle décrit les différentes techniques utilisées lorsque le service est fourni automatiquement et les techniques nécessaires lorsque le service est fourni manuellement. Elle se compose de deux attributs : Livraison Automatique de type booléen et Livraison Manuelle.

32

➢ La dimension « Administration » différencie entre les administrations fournisseur de service et les administration participantes dans ce service. Elle a les attributs : fournisseur et Participant.

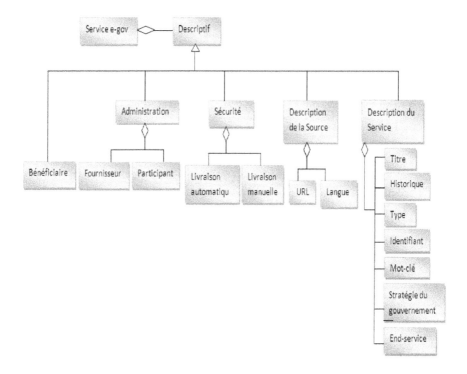

Figure 11 : Le modèle de la base descriptive des services e-gouvernement [Ouchetto et al. 2012]

➢ La dimension « Description de la source » permet de décrire les sources des services à savoir les adresses électroniques du service et le langage sous lequel ce dernier est disponible. Elle se compose des attributs : Langage (qui a pour valeurs Français ou Arabe) et URL.

➢ La dimension « Description de service » permet de décrire le service en lui attribuant:

- Un «Identifiant » qui assure l'unicité de service.
- Un « Titre » pour nommer le service.

33

- Un champ « historique » permettant de s'informer sur la date de l'activation et de désactivation du service. A titre d'exemple, le service des élections qui peut être activé et désactivé pendant des différentes périodes de l'année.
- Un champ « Type » qui renseigne sur le secteur d'appartenance de service à savoir le tourisme, la santé, la douane.
- Un champ « End Service » qui spécifie si le service est offert en sa dernière version.
- Un ensemble de Mots Clés qui permettent d'accélérer le processus de recherche de ce service.
- Un champ « stratégie du gouvernement » qui donne l'information sur la stratégie du gouvernement pour qu'il crée ce service.

3.2. Le méta modèle de la base descriptive des services e-gouvernement

Nous avons créé ce méta-modèle pour gérer les services e-gouvernement. Il est modélisé à l'aide du pattern composite. Il est constitué de l'entité supérieure Service e-gouvernement.

Le Service e-gouvernement se compose d'un ensemble de descriptifs qui peuvent être des simples attributs ou bien des dimensions décrites pas des attributs (cf. Figure 12).

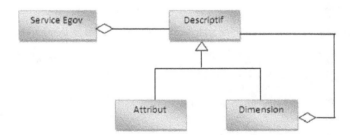

Figure 12 : Le méta-modèle de la base descriptive des services e-gouvernement [Ouchetto et al. 2012]

34

3.3. Diagramme de classes de la base descriptive :

Nous avons vu précédemment le modèle de la base descriptive des services e-gouvernement ainsi que son méta modèle. Dans ce qui suit, nous présentons le diagramme de classes de la base descriptive des services e-gouvernement.

Les règles de gestion de la base descriptive des services e-gouvernement:

➢ Le même service peut exister en Français et en Arabe
➢ Un service a un ou plusieurs adresses électroniques (URL)
➢ Un service a un seul fournisseur.
➢ Un service a un ou plusieurs administrations participantes
➢ Un service a un ou plusieurs utilisateurs (bénéficiaires)
➢ Un service a plusieurs mots clés
➢ La livraison manuelle d'un service peut être effectuée en fournissant au moins deux éléments de livraison.

La figure 13 résume les différentes classes de la base ainsi que les relations entre ces entités et la définition précise de la participation de ces dernières à ces relations ; traduite par les cardinalités. Les informations contenues dans ces classes sont présentées dans l'annexe B, tableau B.2.

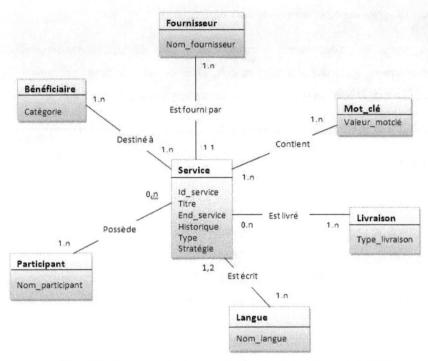

Figure 13 : Diagramme de classes de la base descriptive [Ibaaz et al. 2011]

Conclusion :

La base de données des services e-gov adopte également une approche multidimensionnelle. Les principales dimensions sont le bénéficiaire, l'administration, la source et la désignation.

Chapitre 4 : Système de recherche personnalisée

Notre système de recherche personnalisée des services e-gouvernement intègre le profil utilisateur, une ontologie de domaine et une base descriptive des services e-gouvernement comme composants importants de cette plateforme.

Dans ce chapitre, nous présentons l'architecture globale de notre système de recherche personnalisée suivi de la présentation de ses couches fonctionnelles.

4.1. Système de recherche personnalisée des services e-gouvernement

4.1.1 Architecture du système de recherche personnalisée des services E-gouvernement

Notre système de recherche identifie six modules: « la reformulation de la requête », « le traitement des requêtes », « optimisation et recommandation des résultats », « la présentation et la mémorisation des résultats », « l'enrichissement de l'ontologie » et « le gestionnaire de profil utilisateur » (cf. figure 14).

Nous avons ajouté la fonctionnalité d'enrichissement de l'ontologie et le gestionnaire du profil utilisateur [Ibaaz et al. 2011] à l'architecture proposée par [OUCHETTO 2011]. Ensuite, nous avons fait l'étude détaillée de chaque composant du système.

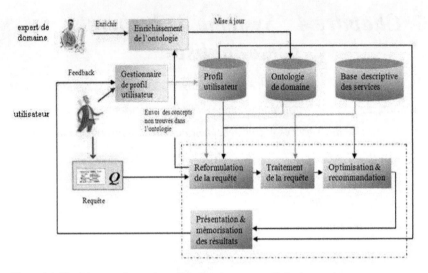

Figure 14. L'architecture du système de recherche personnalisée des services e-gov

Nous présentons dans ce qui suit le rôle de chaque phase dans le processus de la recherche des services e-gouvernement.

a) La phase de « reformulation de la requête »

L'utilisateur ne sait pas toujours choisir les bons termes qui expriment le mieux ses besoins d'information. La reformulation de la requête est un processus ayant pour objectif de générer une nouvelle requête plus adéquate que celle initialement saisie par l'utilisateur en rajoutant de nouveaux termes du profil utilisateur et de l'ontologie du domaine e-gouvernement aux termes considérés comme des mots clés et en supprimant les termes inutiles.

L'ajout d'informations complémentaires aux requêtes est un processus très délicat à cause du risque d'insertion d'informations incorrectes qui provoquerait le retour de résultats sans aucun intérêt. En effet, la reformulation de la requête reste la phase la plus importante dans le processus de recherche.

b) La phase de « traitement de la requête »

38

Cette phase a pour objectif de traiter la requête reformulée et de récupérer les services souhaités de la base descriptive des services e-gouvernement.

L'ensemble des mots clés de la requête reformulée constitue les entrées de cette phase. En effet, le système effectue la recherche des services dans la base descriptive en se basant sur ces mots clés.

c) La phase d' « optimisation et recommandation »

Elle prend en entrée les résultats de traitement de la requête et donne en sortie la liste des services à recommander.

Durant cette phase, le système consulte la table de regroupement des profils afin de déterminer les utilisateurs qui sont similaires et effectue des recommandations collaboratives.

La phase de recommandation permet de sélectionner un ensemble de services qui semblent être pertinents selon le profil de l'utilisateur. En effet, le système présélectionne les services ayant un degré élevé de similarité pour former un sous-ensemble des services personnalisés.

d) La phase de présentation et mémorisation

Avant de restituer les services jugés pertinents par le système, une étape importante doit être réalisée. Le système adapte la restitution et l'affichage des résultats en fonction des préférences de présentation contenues dans le profil de l'utilisateur. Cela permet d'augmenter le degré de la personnalisation.

Une fois que l'utilisateur choisit les résultats, il doit préciser s'ils répondent à ses besoins ou pas, en choisissant un degré de pertinence que le système stocke, par la suite dans son profil.

e) Le gestionnaire du profil utilisateur

Il a pour rôle l'acquisition puis la structuration des connaissances représentatives de l'utilisateur à partir de différentes sources d'information, soit explicitement, à partir de formulaire de saisie, soit implicitement à partir de techniques de scrutation des activités de l'utilisateur et de son interaction avec le système ainsi que de son environnement de travail. Puis, il les stocke dans les dimensions correspondantes dans le modèle du profil utilisateur.

Après la présentation des résultats et à partir du feedback des utilisateurs, le système détecte les changements survenus dans le comportement de l'utilisateur et ses jugements du résultat pour effectuer la mise à jour des profils.

f) L'enrichissement de l'ontologie

L'enrichissement de l'ontologie est effectué par des experts de domaine. Leur tâche consiste à identifier l'ensemble de termes envoyés par le système comme non trouvés dans l'ontologie.

Dans notre système, nous avons besoin d'une ontologie riche pour avoir de meilleures recherche et performance. Nous proposons alors un moyen simple pour aider l'expert de domaine à enrichir l'ontologie en plus de sa propre expertise (connaissance) dans le domaine.

L'ensemble des concepts introduits par l'utilisateur durant une session de recherche où ces concepts sont plus fréquents dans ses requêtes seront stockés dans une liste. Lors de la connexion de l'expert de domaine, il trouvera la liste de ces concepts et il choisira parmi ceux-ci ceux qui sont adaptés au domaine pour enrichir l'ontologie. Ou un message d'alerte lui sera envoyé pour l'informer des nouveaux concepts introduits ou détectés.

Dans la section suivante, l'architecture fonctionnelle décrit l'organisation des différents composants du système de recherche personnalisée.

4.1.2 Couches fonctionnelles du système de recherche

En se basant sur l'architecture globale de notre système de recherche, nous avons proposé les couches fonctionnelles suivantes : « la couche de persistance », « la couche des processus » et « la couche de communication » (cf. figure 15).

La couche de persistance représente tout le traitement effectué sur les données : Elle concerne le stockage des informations contenues dans le profil utilisateur, dans l'ontologie et dans la base descriptive des services e-gouvernement.

La couche des processus regroupe l'ensemble des services offerts par le système : services de recherche personnalisée et services de gestion du profil utilisateur, de la base descriptive des services e-gouvernement et de l'ontologie de domaine.

La couche de communication n'est autre que l'interface graphique. Elle effectue la liaison entre le système et l'utilisateur, et lui permet de rechercher des services e-gouvernement et d'exécuter les services offerts par cette plateforme. Elle permet à l'administrateur de mettre à jour les services e-gouvernement.

Cette couche propose aussi une interface conviviale à l'expert de domaine, qui peut accéder à l'ontologie pour un éventuel enrichissement.

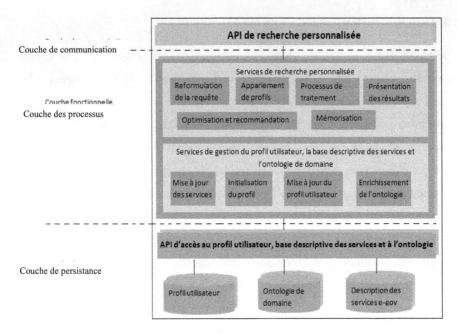

Couche de communication

Couche fonctionnelle
Couche des processus

Couche de persistance

Figure 15. Couches fonctionnelles du système de recherche

La conception détaillée du système de recherche est abordée dans la suite.

4.2. Conception du système :

Nous avons utilisé UML pour la conception du système vu que c'est un langage formel, normalisé et facile à utiliser.

Les fonctionnalités proposées par notre système de recherche personnalisée des services e-gouvernement sont représentées dans le diagramme des cas d'utilisation (cf. figure 16).

Le système de recherche est destiné à deux utilisateurs principaux, l'expert du domaine et l'utilisateur, auxquels s'ajoute l'administration. L'utilisateur est un citoyen, une entreprise …

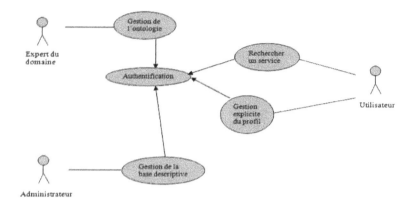

Figure 16. Diagramme des cas d'utilisation du système

Notre système propose quatre cas d'utilisation auxquels s'ajoute l'authentification.

Cas d'utilisation « Recherche de services » : le système offre à l'utilisateur (citoyens, administrations, entreprises) la possibilité de rechercher un service e-gouvernement sans passer par le portail de l'administration propriétaire du service.

Cas d'utilisation « Gestion explicite du profil utilisateur » : cette fonctionnalité permet d'obtenir des informations (données) sur l'utilisateur. On interroge directement l'utilisateur on lui demande de remplir un formulaire pour collecter des informations et pour pouvoir utiliser par la suite le système. Ces informations permettront d'initialiser le profil et appliquer d'autres opérations de mise à jour (modification, suppression….).

Cas d'utilisation « Gestion de la base descriptive » : cette fonctionnalité est assurée par l'administrateur. En effet, ce dernier doit s'authentifier tout d'abord pour accéder à la base de données à travers une interface conviviale. Il pourra par la suite ajouter de nouveaux services en remplissant un formulaire contenant des informations sur les services, comme il pourra actualiser les services e-gouvernement existants.

43

Cas d'utilisation « Gestion de l'ontologie » : le rôle de cette fonctionnalité est d'afficher une interface qui permet à l'expert de domaine d'accéder à l'ontologie.

Après son authentification, l'expert de domaine pourra exécuter la tâche d'enrichissement citée dans la section « enrichissement de l'ontologie »

Nous avons élaboré quatre diagrammes de séquence pour représenter les interactions entre l'utilisateur, l'expert de domaine, l'administrateur et le système selon un ordre chronologique (cf. Annexe D).

Nous présentons dans ce qui suit un exemple de diagramme de séquence.

4.2.2. Diagrammes de séquence du use case « gestion explicite du profil »

Le diagramme suivant représente l'interaction : gestion explicite du profil (cf. figure 17)

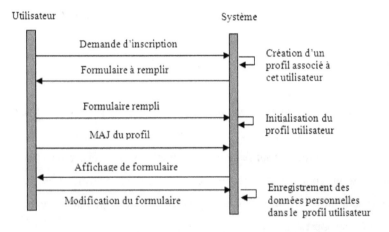

Figure 17: Diagramme de séquence pour la gestion explicite du profil utilisateur

Afin de mieux répondre à ces besoins, l'utilisateur doit être identifié en s'inscrivant auprès de notre système à travers le remplissage d'un formulaire contenant des informations personnelles et des informations concernant ses centres d'intérêt.

44

Un pseudo et un mot de passe seront attribués à cet utilisateur à la fin de cette phase pour ses futures accès au système, et son profil sera créé à partir des données fournies explicitement.

Ainsi, le profil de l'utilisateur sera initialisé par les informations issues du formulaire. En outre, l'utilisateur a la possibilité de mettre à jour son profil en modifiant les données du formulaire qu'il a renseigné lors de la création de son compte utilisateur.

Nous avons présenté dans les sections précédentes les différents composants de notre système de recherche personnalisée des services e-gouvernement et nous avons vu dans le chapitre 3 l'ensemble des dimensions contenues dans le profil utilisateur. Nous allons voir dans la section suivante le rôle de chaque dimension du profil et comment il est introduit dans le processus de recherche.

4.3. Rôle des dimensions du profil utilisateur dans le processus de recherche

Vu l'importance du profil utilisateur dans la personnalisation de la recherche. Nous allons montrer l'intérêt d'introduire les dimensions constituant ce profil dans les différentes phases de processus de recherche. (cf. figure 18).

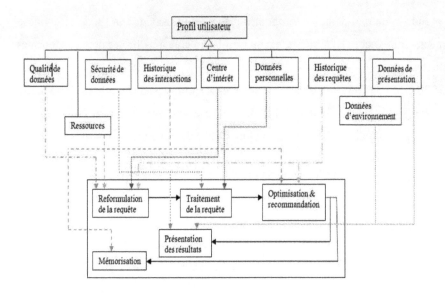

Figure 18 : Intégration du profil utilisateur dans le processus de recherche

Cette figure identifie les relations existantes entre les dimensions du profil et les phases de recherche [Ouchetto et al. 2011].

La flèche entre Centre d'intérêt et le « module Reformulation de la requête » signifie que ce module exploite l'information « Centre d'intérêt ».

Intégration du profil dans la phase de reformulation de la requête

Les dimensions du profil utilisateur intégrées dans cette phase du processus sont : « Qualité de données », « Centre d'intérêt », « Ressources », « Historique des requêtes »

Les dimensions « qualité de données » et « ressources » regroupent les préférences de l'utilisateur. Elles ont une incidence directe sur le processus de recherche, car c'est à partir de ces informations que le système retourne les services pertinents correspondants aux préférences de l'utilisateur.

La dimension « centres d'intérêt » représente le domaine d'expertise de l'utilisateur. Elle est relativement stable dans le temps et représente les besoins à long terme de l'utilisateur. Cette dimension permet de cibler l'ontologie sectorielle concernée.

La dimension « historique des requêtes » contient la description des services consultés par l'utilisateur lors d'une ou plusieurs sessions de recherche. Elle est utile dans la mesure où elle permet de comprendre ce que l'utilisateur veut sans même écrire la requête entière.

Intégration du profil dans la phase de traitement de la requête

La sécurité est une dimension fondamentale du profil qu'il faut en tenir compte dans tout le processus de traitement. Elle concerne les données interrogées ou saisies, les requêtes utilisateurs elles-mêmes ou les autres dimensions du profil. La sécurité du processus exprime la volonté de l'utilisateur de cacher ou pas un traitement qu'il effectue.

Intégration du profil dans la phase d'optimisation et de recommandation des résultats

En fonction des interactions des utilisateurs et leurs historiques des requêtes, le système enregistre une liste des services jugés pertinents par des utilisateurs qui constituent la même communauté.

A chaque fois qu'un utilisateur recherche un service, le système lui recommande les services pertinents que les autres utilisateurs, appartenant à la même communauté, ont jugés pertinents.

Intégration du profil dans la phase de présentation des résultats

Au cours de cette phase l'interaction entre le profil et le module de représentation des résultats se fait à travers les dimensions « Données de présentation » et « Données d'environnement ». En fonction des informations fournies par ces dimensions, le Système déploie des mécanismes d'adaptation. La définition de ces mécanismes dépasse le cadre de ce travail.

Intégration du profil dans la phase de mémorisation

Pendant cette phase, le système enregistre dans l'historique des interactions le feedback de l'utilisateur. En effet, ce feedback est le jugement de l'utilisateur sur chaque résultat consulté, il est exploité par le gestionnaire du profil pour opérer le regroupement et par le système pour la recommandation.

Conclusion :

Les principaux modules du système de recherche personnalisée sont : Enrichissement de l'ontologie, Gestion du profil utilisateur, Reformulation de la requête, Traitement de la requête, Optimisation et recommandation, et Présentation et mémorisation des résultats. Le système est structuré en trois couches :

- La communication
- La couche des processus
- La couche de persistance, regroupe les trois bases de données Profil Utilisateur, l'Ontologie de domaine, et la description des services e-gov

Chapitre 5 : Réalisation et tests de validation

L'élaboration du système de recherche personnalisée s'effectue sur la plateforme J2EE, avec une architecture logicielle en trois couches. Ce choix est justifié par la maturité et la richesse de cette plateforme, en plus l'organisation en couches fourni un moyen qui facilite la gestion de la croissance du système qui répond a plusieurs exigences.

Dans cette partie nous présentons l'ensemble des outils de développement et les technologies utilisés, et nous détaillons le procédé d'implémentation de notre système,

Nous mettons l'accent sur le profil utilisateur dans le processus de recherche.

5.1. Exigences techniques :

Le système de recherche doit être en mesure de satisfaire les exigences techniques suivantes :

- Accessibilité via le Web : L'application doit être accessible via le Web par les utilisateurs (citoyen, entreprise, administration).

- Portabilité : L'outil doit être capable de fonctionner plus ou moins facilement dans différents environnements. Les différences peuvent porter sur l'environnement matériel (processeur) comme sur l'environnement logiciel (système d'exploitation).

- Accès public à l'application: L'outil est accessible au grand public mais après création d'un compte puis authentification.

5.2. Architecture logicielle du système de recherche :

Dans le contexte de notre projet, nous avons opté pour l'architecture 4-tiers qui est composée de quatre éléments : « couche de présentation/coté client », « couche de présentation/coté serveur », « couche logique » et « couche de données » (cf. Figure 19).

La « Couche de présentation/coté client » permet l'affichage des résultats aux utilisateurs.

La « Couche de présentation/coté serveur » est liée au type du client utilisé. Elle est chargée de connaître et de gérer l'état (connecté, en attente, déconnecté...) des sessions des clients connectés, si l'état est de type « conversationnel »

La « Couche logique » est la couche principale de toute application. Elle doit s'occuper aussi bien des accès aux différentes données qu'à leurs traitements, suivant les processus définis par l'entreprise.

La « Couche de données » représente la couche de données accessibles par le serveur.

Notre choix de cette architecture se justifie donc par le fait que le partage de l'application en sous systèmes permet de réaliser une conception détaillée de chaque partie.

En plus, en cas d'éventuels changements dans un tiers, les trois autres tiers ne subissent pas de modifications.

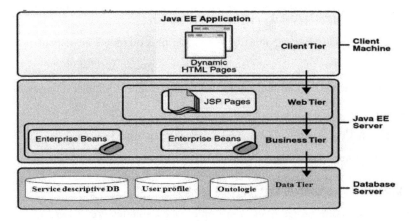

Figure 19. Architecture logicielle du système de recherche personnalisée

5.3. Environnement de développement

Nous avons choisi pour le développement de notre système les outils (cf. Annexe C) suivants :

Le langage Java vu que Protégé est écrit en Java ce qui facilite son intégration avec le système.

La plateforme JEE qui intègre les frameworks JSF, EJB et JPA ;

Le serveur d'application JBOSS qui implémente l'ensemble des services JEE ;

L'éditeur EClIPSE pour mettre en œuvre notre système et Le serveur MYSQL pour la gestion des bases de données.

5.4. Interfaces du système de recherche :

Nous avons choisi l'utilisation d'une interface simple et conviviale, qui soit semblable au système de recherche le plus connu et le plus utilisé « GOOGLE ».

Nos interfaces sont orientées formulaire avec des boutons de validation et aussi un menu simple, de sorte à faciliter au maximum l'utilisation des fonctionnalités du système. Ces interfaces contiennent aussi une option pour le multilinguisme à travers des liens représentés par des drapeaux de chaque langue, à savoir l'Arabe le Français et l'Anglais.

Dans ce qui suit, nous présentons tout d'abord les règles de navigation entre les fenêtres. En effet, nous avons cinq interfaces: Authentification, Accueil, Recherche personnalisée, Compte_utilisateur et Résultat. (cf. Figure 20)

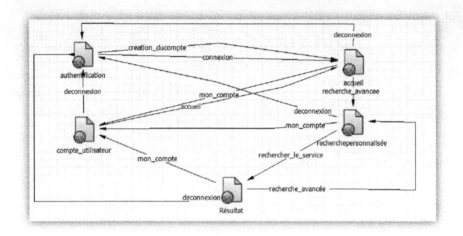

Figure 20 : La navigation entre les différentes fenêtres

a) Inscription et Authentification

Au début, l'utilisateur doit créer un compte en fournissant un ensemble
d'informations (données personnelles, centres d'intérêts) ensuite il s'authentifie
avant d'accéder au système, et cela en saisissant son pseudo et son mot de passe
dans la page d'authentification. Cette interface mène l'utilisateur à la partie de la
recherche des services e-gouvernement (cf. figure 21).

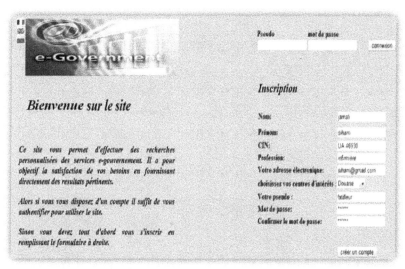

Figure 21 : Interface d'inscription et d'authentification [Ibaaz et al. 2011]

b) Recherche des services e-gouvernement :

Cette page permet à l'utilisateur de saisir sa requête dans la barre de recherche. Comme elle lui permet aussi de consulter son compte ou de se déconnecter (cf. Figure 22).

Figure 22 : Interface de la recherche d'un service [Ibaaz et al. 2011]

c) Recherche personnalisée :

Une fois que l'utilisateur saisit sa requête, le système l'envoie à la page de personnalisation de la recherche.

Si ce n'est pas sa première session de recherche, le système initialise les informations de cette page en se basant sur les préférences de l'utilisateur qu'il a précisé lors de sa dernière recherche. L'utilisateur peut modifier ces informations si elles ne répondent pas à son besoin actuel (cf. figure 23)

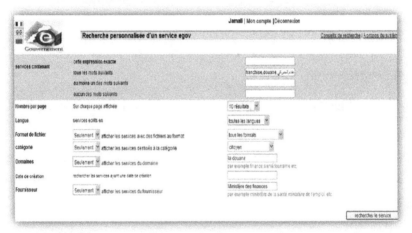

Figure23 : Interface de personnalisation de la recherche [Ibaaz et al. 2011]

d) Interface des résultats :

Cette interface permet à l'utilisateur de consulter les services proposés par le système, comme il peut exprimer sa satisfaction concernant un service.

Figure 24 : Interface des résultats [Ibaaz et al. 2011]

e) Edition du profil utilisateur

Cette interface permet à l'utilisateur de modifier ses informations personnelles

Figure 25 : Interface d'édition du profil utilisateur [Ibaaz et al. 2011]

5.5. Tests de validation

Nous avons conçu une batterie de tests sur notre système pour voir l'impact de l'utilisation du profil utilisateur ainsi que l'ontologie de domaine dans la recherche des services e-gouvernement. Ces tests seront effectués sur une collection de services contenant huit services. Nous avons choisi, également, sept profils et afin de voir l'impact de profil nous supposons que chaque utilisateur saisit une requête différente des autres utilisateurs.

5.5.1. Services e-gouvernement

Les tableaux 6 et 7 présentent un extrait de la collection de services et leurs informations qui existent dans la base descriptive.

N° de service	Titre de service	Langue	Fournisseur	Bénéficiaire	Format	Type livraison	Domaine
1	Franchise douanière	Arabe, Français	Administration des douanes	Entreprise Citoyen	HTML	Automatique	Douane
2	passeport Biométrique	Arabe, Français	Ministère de l'intérieur	Citoyen	PDF HTML	Automatique Manuelle	Etat civil
3	Dédouanement de véhicule	Français	Administration des douanes	Entreprise, citoyen	HTML Word	Automatique	Douane

Tableau 6 : Extrait d'une collection de services

N° de service	Mots clés de service	URL	Description
1	-procédure -franchise douanière -bien -tolérance -	R1.1 :http://www.service-public.ma/Templates/Fiche_Front.aspx? Origin=Rub&idRub=116&idSeg=1&idProc =960 .html (A) R1.2 : http://www.service-public.ma/Templates/Ar/FichePro.aspx? Origin=Rub&idRub=187&idSeg=2&idProc =801.html (A)	-Franchises et tolérances accordées aux Marocains résidant à l'étranger à l'occasion de leur entrée en vacances -

2	-passeport -résidant au Maroc - جواز السفر البيومتري - طلب	R2.1 :htp://www.passeport.ma/Formulaire Biometrique.pdf **(A)** R2.2 :htp://www.passeport.ma/Formulaire Biometrique.pdf **(A)** R2.3 :https://www.passeport.ma/suivi_dem ande.aspx **(M)**	- formulaire de demande de passeport biométrique _ طلب جواز السفر البيومتري -suivi de la demande
3	-dédouane ment d'un véhicule -bureau de dédouane ment - droits et taxes - bureau d'entrée	R4.1 :http://www.douane.gov.ma/mcv//pres entation.jsf **(A)** R4.2 :http://www.douane.gov.ma/mcv/calcu lDroitTaxe.jsf **(A)** R4.3 :http://www.douane.gov.ma/mcv/rtf/D edouanementVieillissement.doc **(A)**	-liste des bureaux de dédouanement. -calcul des droits et taxes de dédouanement -demande de dédouanement d'un véhicule automobile

Tableau 7 : Extrait d'une collection de services
*A : livraison automatique
*M: livraison manuelle

5.5.2. Collection de profils utilisateurs :

Le tableau 8 présente un extrait de la collection de profils que nous avons proposé avec quelques informations concernant leurs préférences. L'utilisateur initialise ses centres d'intérêts dès l'inscription, il pourra les modifier par la suite.

Le système initialise l'interface de la recherche personnalisée à partir de la dernière mise à jour du profil.

N° profil	Langue	Centre intérêt	format	Catégorie
P : 1	Arabe[1] Français[2]	Douane Finance	PDF	Citoyen
P : 2	Français	Douane Etat civil	Tous les formats	Citoyen
P : 3	Français	Finance	PDF[1] HTML [2]	Entreprise

Tableau 8 : Extrait d'une collection de profils

57

1 : Le format PDF et la langue arabe correspondent à la préférence de l'utilisateur lors de sa première recherche.

2 : Le format HTML et la langue français correspondent à la préférence de l'utilisateur lors de sa deuxième recherche, le système, dans la phase de reformulation de la requête, va prendre la dernière préférence saisie.

5.5.3. Recherche personnalisée

Le tableau 9 illustre un extrait d'une collection de requêtes saisies par les utilisateurs et enrichies par l'ontologie et le profil utilisateur, ainsi que les feedbacks de chaque utilisateur concernant les services consultés.

Profils utilisateur	Requête initiale	Ajouts à la requête initiale profil utilisateur + Ontologie		Services proposés	Pertinence	Validation
P : 1	Suspension des droits et taxes	arabe français PDF douane, finance	Franchise douanière	Aucun service Existant en format PDF		
P : 1	*Suspension des droits et taxes	arabe français HTML douane, finance	Franchise douanière	R1.1 R1.2	4 -	
P : 2	Passeport biométrique	français douane, état civil citoyen tous les formats	passeport inexistant	R2 .1 R2.2 R2.3	3 4 4	
P : 3		Français Finance HTML Entreprise	impôt indirect جواز السفر البيومتري	R4.2	1	

Tableau 9 : Test de recherche personnalisée

Le profil P1 a modifié ses préférences concernant le format des services

58

5.5.4. Regroupement des profils :

Nous allons regrouper les profils utilisateur du tableau 7 selon les centres d'intérêts comme le montre la figure 26 :

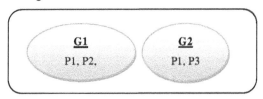

Figure 26 : Regroupement selon les centres d'intérêts

Nous n'avons pas regroupé selon la pertinence vu que les profils n'ont pas jugé les mêmes services car c'est leurs premières recherches.

5.5.5. Test des requêtes selon la pertinence et le regroupement

Le tableau 10 présente les recherches des utilisateurs ayant saisi les mêmes requêtes que les utilisateurs de leurs groupes.

Profil	Requête	Groupe	Résultats	Validation
P : 1	-Mise à la consommation de véhicule	G1	R4.4	
P : 2	-Suspension des droits et taxes -Passeport au Maroc	G1 G3	R1.1 R2.1 ; R2.2 ; R2.3	

Tableau 10: Test sur le regroupement

Conclusion :

Dans ce chapitre nous avons présenté l'implémentation de notre système. Nous avons tout d'abord défini les outils de développement utilisés, puis nous avons présenté les interfaces de notre système.

Nous avons conçu une série de tests avec un ensemble de requêtes dépendant du profil utilisateur afin de montrer l'impact de l'intégration du profil ainsi qu'une ontologie de domaine dans la recherche des services e-gouvernement sur les résultats.

Conclusion générale

L'utilisateur désire, de plus en plus, que la recherche des services e-gouvernement soit personnalisée. Le système de recherche personnalisé le met en œuvre grâce à l'intégration, d'un coté le profil utilisateur qui est une structure d'informations hétérogènes qui couvre des aspects larges tels que les préférences, les centre d'intérêts et l'environnement social de l'utilisateur, et de l'autre côté grâce à l'ontologie de domaine qui sert de source pour étendre sémantiquement et linguistiquement la requête de l'utilisateur.

Nous avons modélisé et intégré le profil utilisateur dans le processus de recherche afin de mieux satisfaire ses besoins exprimés par des requêtes. Nous avons modélisé et élaboré la base descriptive des services e-gouvernement avec quelques services e-gouvernement en se basant sur les travaux menés par Mme Ouchetto.

A travers une recherche bibliographique, nous avons fait une étude complète sur les ontologies à partir de laquelle nous avons conçu et réalisé notre ontologie de domaine.

Les perspectives envisageables à ce travail portent essentiellement sur:

- L'intégration de l'ontologie dans le processus de recherche.
- Le multilinguisme au niveau des interfaces puisque nous avons pensé à celui de la recherche.
- Enrichissement de l'ontologie par l'expert de domaine.
- L'exploitation plus large du profil l'utilisateur, plus précisément l'extraction implicitement des centres d'intérêts de l'utilisateur en mettant en place un historique des services consultés, puis le regroupement de ceux qui sont liés sémantiquement dans le but de faire des éventuelles recommandations.
- Le système de recherche peut également être exploiter dans d'autre domaines que l'e-gov

Bibliographies

[CHARLET 2004] : Charlet, J. (2004) « Ontologies pour le Web Sémantique.» In Le Web sémantique, Hors série de la Revue Information - Interaction - Intelligence (I3), Cépaduès, Toulouse

[CORCHO et al. 2005] Corcho, O.; Fernandez, M.; Gomez-Perez, A. & Lopez-Cima, A.: "Building Legal Ontologies with METHONTOLOGY and WebODE".

[FERNANDEZ et al. 1997] Fernandez-Lopez, M.; Gomez-Perez, A. & Juristo, N.: "Methontology: from ontological art towards ontological engineering".

[FÜRST 2002] : Fürst, F., (octobre 2002). *L'ingénierie ontologique*, Rapport de recherche, Université de Nantes, no 02-07, 38p.

[GRUBER 1993]: Gruber, T. (1993) «A translation approach to portable ontology specifications» Knowledge Acquisition Journal, Academic Press.

[HERNANDEZ 2005]: Hernandez, N. (2005) «Ontologies de domaine pour la modélisation du contexte en recherche d'information.» Thèse de doctorat, université Paul Sabatier de Toulouse.

[HOUACINE 2008] : Houacine, T. et Azoune, S., (2008). « Construction et exploitation d'une ontologie dans le domaine de lutte antiacridienne », Mémoire de fin d'études, Institut National De Formation En Informatique, Alger. 151p.

[KOSTADINOV 2003] : Kostadinov, D. (2003), « Personnalisation de l'information et gestion des profils utilisateur », Mémoire de DEA PRiSM, Versailles.

[OUCHETTO 2006]: Ouchetto, H. (2006), « Des patterns processus pour l'e_gouvernement», Rapport de DESA, l'EMI Rabat.

[OUCHETTO 2009]: Ouchetto, H. (2009), « Toward process patterns for a component retrieval system integrating the user profile », Proceeding conference, AICCSA'09.

[OUCHETTO 2011]: Ouchetto, H. (2011), « E-government Services Retrieval System: A user - centred approach», IJCSIS (soumis).

[SWARTOUT 1997]: Swartout, B. (1997) «Towards Distributed Use of Large Scale Ontologies» Spring Symposium Series on Ontological Engineering, Stanford University, CA.

[YVONNE 2004] : Yvonne, S., (septembre 2004) outils d'ingénierie ontologique : Etendre les ontologies aux multiples points de vue pour résoudre les conflits, p. 39.

[TOUNSI 2012] : Tounsi, N. (2012), W3C Days 2012 sous le thème « Face aux standards, enjeux et défis de l'administration en ligne » www.w3c.org.ma/w3day/2012 .

[OUCHETTO et al. 2005] Ouchetto, H. ; Roudies, O. & Ouchetto, O. (2012), « Ontologie oriented e-gov service retrieval », CORR 2012.

[OUCHETTO et al. 2012] Ouchetto, H. ; Roudies, O. & Ouchetto, O. (2012), « Relevance Ranting for Service Retrieval», Journal of computer Science 2012.

[OUCHETTO et al. 2011] Ouchetto, H. ; Roudies, O. & Ouchetto, O. (2011), « A personnalized access to e-gov services : a user oriented approach », Internatinnal Journal of Scientific Advances Technology, Vol 1 N°7 Sept 2011.

[OUCHETTO et al. 2009] Roudies, O. ; Ouchetto, O. & Fredj, O. (2009), « Toward process pattern for acomponentretrieval systeme integrating the user profile », Proceding of AICCSA p. 795 – 799.

[IBAAZ et al. 2011] Ibaaz, F. & Labzizi, N. (2011), « La mise en place d'une plateforme pour le recherche personnalisée des services e-gov », Mémoire PFE 2011.

Annexes

Annexe A : les ontologies

Annexe B : les dictionnaires de données de la base descriptive des services e-gov et de la base du profil utilisateur

1. Les composants d'une ontologie

Les ontologies fournissent le vocabulaire commun d'un domaine et définissent la signification des termes et des relations entre ces derniers. Selon Gruber [GRUBER 1993], la formalisation d'une ontologie se met en place en utilisant cinq types de composants à savoir : les concepts (ou classes), les relations (ou propriétés), les fonctions, les axiomes (ou règles) et les instances (ou individus).

a)Les concepts ou classes

Un concept ou une classe représente un type d'objet dans l'univers. L'ensemble des propriétés d'un concept constitue sa compréhension ou son intention et l'ensemble des êtres qu'il englobe ou son extension.

Un concept est composé de trois parties [HERNANDEZ 2005] :

➢ **Une notion** qui correspond à la sémantique du concept, elle est définie à travers ses propriétés et ses attributs. Elle est appelée **intention** du concept.

➢ **Un ensemble d'objets** qui correspond aux objets définis par le concept ; il est appelé **extension** du concept. Les objets sont les **instances** du concept.

➢ **Un ou plusieurs termes** qui permettent de désigner le concept. Ces termes sont aussi appelés **labels** de concept.

Par exemple le **terme** « lapin » renvoie à la **notion** « animal » possédant de longues oreilles et une queue et à **l'ensemble des objets** ayant cette description

b) Les relations ou propriétés

Elles représentent les interactions entre concepts et permettant de construire des représentations complexes de la connaissance du domaine [CHARLET 2004]. Elles établissent des liens sémantiques binaires, organisables hiérarchiquement. Des exemples de relations binaires sont sous-classe-de, connecté-à.

Les propriétés intrinsèques à une relation sont :

• **Les propriétés algébriques** telles que la symétrie, la réflexivité, la transitivité ;

• **La cardinalité** c'est-à-dire le nombre possible de relations de ce type entre les mêmes concepts (ou instances de concept).

c) Les fonctions

Les fonctions présentent des cas particuliers de relations dans lesquelles le nième élément de la relation est défini à partir des n-1 éléments précédents. Formellement, les fonctions sont définies telles que : F : c1 * c2 * ...* cn-1 cn.

Comme exemple de fonctions binaires, il y a la fonction « carré-de ». Comme fonction ternaire, « le prix d'une voiture usagée » sert de base pour calculer le prix d'une voiture d'occasion en fonction de son modèle, de sa date de construction et de son kilométrage [HOUACINE 2008].

d) Les axiomes ou règles

Les axiomes sont des expressions qui sont toujours vraies. Ils ont pour but de définir dans un langage logique la description des concepts et des relations permettant de représenter leur sémantique. Ils représentent les intentions des concepts et des relations du domaine. Leur inclusion dans une ontologie peut avoir plusieurs objectifs :

✓ définir la signification des composants ;
✓ définir des restrictions sur la valeur des attributs ;
✓ définir les arguments d'une relation ;
✓ vérifier la validité des informations spécifiées ou en déduire de nouvelles.

e) Les instances ou individus

Elles constituent la définition extensionnelle de l'ontologie ; elles sont utilisées pour représenter des éléments dans un domaine.

Par exemple, les individus Jean et Marie sont des instances du concept « Personne ».

2. Le cycle de vie de la méthode Methontology

Les « activités de gestion » d'ontologie comprennent la « planification », le « contrôle » et l' « assurance qualité ». L'activité de « planification » identifie les tâches à exécuter, leur arrangement, et le temps et les ressources nécessaires. L'activité de « contrôle » garanti l'achèvement des tâches. L'activité « assurance qualité » vérifie la qualité de l'ontologie.

Les « activités techniques » regroupent le pré-développement, le développement et post-développement. Au cours de pré-développement, on étudie l'environnement où l'ontologie sera utilisée. Au cours du développement, cette phase englobe l'activité de   « spécification » qui précise pourquoi l'ontologie est en cours de construction, les utilisations prévues et les utilisateurs finaux. L'activité de « conceptualisation » est la connaissance du domaine en tant que modèles significatifs au niveau des connaissances. L'activité de « formalisation », elle transforme le modèle conceptuel en un modèle formel. Au cours de l'après-développement, les mises à jour de l'ontologie sont possibles et il peut être réutilisé par d'autres ontologies ou d'autres applications si nécessaire.

Les « Activités de soutien » de l'ontologie sont effectuées en même temps que les activités axées sur le développement. Elles regroupent l'activité « d'acquisition » qui a pour but d'acquérir les connaissances d'experts ou par apprentissage automatique, l'activité « d'évaluation » où on évalue l'ontologie développée, l'activité « d'intégration » si d'autres ontologies sont réutilisées et l'activité de « documentation » qui détaille chaque étape terminée.

3. La hiérarchie des concepts de l'ontologie de la douane

Figure A.2 : La hiérarchie des concepts de l'ontologie de la douane

Annexe B

1. Le dictionnaire des données pour la base de données du profil

Code mnémonique	Libellé propriété
Id_utilisateur	Identifiant de l'utilisateur
CIN	Numéro de la carte d'identité
Nom	Le nom de l'utilisateur
Prénom	Le prénom de l'utilisateur
Profession	La profession de l'utilisateur
Adresse	L'adresse de l'utilisateur
Email	L'email de l'utilisateur
Id_CI	L'identifiant de centre d'intérêt de l'utilisateur
Nom_CI	Le nom de centre d'intérêt
Val_MC	La valeur du mot clé (le terme)
Id_MC	L'identifiant du mot clé
Id_Requête	L'identifiant de la requête saisie
Requête	L'expression de la requête
Id_resultat	L'identifiant du résultat
Résultat	La valeur du résultat
Jugement	La valeur en chiffre qui exprime le degré de pertinence d'un résultat par rapport au besoin de l'utilisateur
Langue	L'utilisateur préfère avoir les résultats disponibles en cette langue
Fournisseur	L'utilisateur préfère un fournisseur précis offrant le service cherché
Date_création	La date de création du service recherché par l'utilisateur
Format	Le format des fichiers résultant (ex : PDF, Doc, HTML…)
Volume	Le nombre des résultats affichés
Id_matériel	L'identifiant du matériel du travail de l'utilisateur (environnement)
Capacité_Mat	La capacité du matériel du travail
Typ_Mat	Le type du matériel (ex : PC ou d'un terminal mobile tel que les PDA)
Id_logiciel	L'identifiant du logiciel du travail (environnement)
Configuration	Le type de système d'exploitation qu'il utilise, la version du navigateur

Id_présentation	L'identifiant de l'ergonomie de la présentation
Police	Police des caractères de l'affichage
Couleur_lien	La couleur des liens pour les résultats affichés
Coleur_fond	La couleur de l'interface
Typ_interface	L'interface de travail s'il s'agit d'un utilisateur spécifique tels que les utilisateurs non voyants
Date_saisie	La date de la saisie de la requête de recherche
Id_gpe	L'identifiant du groupe d'appartenance d'un utilisateur
Moyen_livraion	le moyen de restitution de résultats (page web, email, fax, mobile)
Nom_gpe	Le nom du groupe d'appartenance d'un utilisateur
Date_utilisation	La dernière date d'utilisation d'un mot clé
Pseudo	Le pseudo name de l'utilisateur
Mot_passe	Le mot de passe pour l'authentification de l'utilisateur

Tableau B.1 : Dictionnaire des données du profil utilisateur

2. Le dictionnaire des données de la base descriptive :

Données	Equivalant
Un identifiant	Id-service
Un nom	Titre
La version de service	End-service
Un historique	Historique
Le domaine d'appartenance	Type
La stratégie de gouvernement	Stratégie
L'administration créatrice de service	fournisseur
L'administration participante	Nom-participant
L'accès automatique au service	Livraison-auto
L'accès manuel	Elément-livraison
Le langage de service	Langue
Le portal URL de service	URL
Les mots clés du service	Mot-clé
Les utilisateurs de service	Catégorie-bénéficiaire

Tableau B.2 : le dictionnaire des données de la base descriptive

Oui, je veux morebooks!

i want morebooks!

Buy your books fast and straightforward online - at one of world's fastest growing online book stores! Environmentally sound due to Print-on-Demand technologies.

Buy your books online at
www.get-morebooks.com

Achetez vos livres en ligne, vite et bien, sur l'une des librairies en ligne les plus performantes au monde!
En protégeant nos ressources et notre environnement grâce à l'impression à la demande.

La librairie en ligne pour acheter plus vite
www.morebooks.fr

 VDM Verlagsservice-gesellschaft mbH

VDM Verlagsservicegesellschaft mbH
Heinrich-Böcking-Str. 6-8   Telefon: +49 681 3720 174   info@vdm-vsg.de
D - 66121 Saarbrücken   Telefax: +49 681 3720 1749   www.vdm-vsg.de

www.ingramcontent.com/pod-product-compliance
Lightning Source LLC
LaVergne TN
LVHW042346060326
832902LV00006B/416

* 9 7 8 3 8 4 1 7 9 9 0 1 2 *